Überzeugung 10X

Die Kunst beherrschen, online zu überzeugen

Eine kurze Einführung

Kennen Sie das Gefühl, wenn Sie eine Nachricht lesen, die Sie einfach packt und in Ihnen den Wunsch weckt, sofort zu handeln?

Nun, das ist die Kraft der Überzeugung! Sie lernen alle Techniken und Tricks kennen, um mit Ihren Worten die gleiche Reaktion bei Menschen hervorzurufen.

Denken Sie nicht, dass das etwas aus einer anderen Welt ist, nein. Keines davon!

Ich zeige Ihnen, wie Sie die richtigen Worte verwenden, wirkungsvolle Sätze bilden und Ihre Botschaften auf unwiderstehliche Weise strukturieren.

Wir möchten, dass Sie eine echte Verbindung zu Ihrer Zielgruppe aufbauen. Das wird den Unterschied ausmachen, wenn es darum geht, sie zum Handeln zu bewegen.

Im Mittelpunkt dieser Strategie steht die Kraft der Überzeugungstechniken beim Schreiben.

Beeinflussen oder beeinflusst werden

Die Frage, beeinflussen zu wollen oder beeinflusst zu werden, ist eine Dichotomie, die seit jeher das menschliche Miteinander durchdringt.

In einer zunehmend vernetzten Welt ist diese Wahl offensichtlicher und relevanter denn je. In einer Gesellschaft, die Individualität, Authentizität und die Fähigkeit, das eigene Schicksal zu gestalten, wertschätzt, spielt Einfluss eine zentrale Rolle in unserem Leben und beeinflusst unsere Entscheidungen, Meinungen und Verhaltensweisen.

Ich möchte Ihnen zeigen, wie Erkunden Sie die Komplexität des Einflusses und des Wunsches, beeinflusst zu werden, und berücksichtigen Sie dabei die verschiedenen Aspekte dieser Dynamik im persönlichen, sozialen und digitalen Bereich. Lassen Sie uns die Beweggründe hinter beiden Seiten der Medaille, die Vor- und Nachteile jeder Wahl und wie diese mit der Identitätsbildung und den Auswirkungen auf die Gesellschaft zusammenhängen, untersuchen.

Die Suche nach Macht und Veränderung

Unter Beeinflussung versteht man im Wesentlichen die Fähigkeit, die Meinungen, Entscheidungen und Handlungen anderer Menschen zu beeinflussen. Man kann es als einen Führungsakt betrachten, bei dem jemand sein Wissen, sein Charisma und seine Überzeugungskraft einsetzt, um andere zu bestimmten Zielen oder Idealen zu führen. Wer Einfluss nehmen will, sehnt sich oft nach Macht und hat eine konkrete Vision von der Welt, die er erschaffen möchte.

Die Beweggründe, Einfluss nehmen zu wollen, können sehr unterschiedlich sein. Manche Menschen suchen Einfluss als eine Form persönlicher Macht, um sich einen Vorteil gegenüber anderen zu verschaffen oder ehrgeizige Ziele zu erreichen. Andere haben eher altruistische Motive und möchten ihren

Einfluss nutzen, um positive Veränderungen in der Gesellschaft herbeizuführen, indem sie soziale oder ökologische Anliegen fördern.

Persönliche Macht: Für viele ist Einfluss ein Werkzeug, um persönliche Macht zu erlangen und ihre Ziele zu erreichen. Dies kann die Beeinflussung von Personen in Autoritätspositionen wie politischen Führern oder Unternehmensleitern umfassen, um Entscheidungen zu treffen, die ihren Interessen dienen. Der Wunsch nach Einfluss kann durch persönlichen Ehrgeiz, Gier oder den Wunsch nach Kontrolle motiviert sein.

Sozialer Wandel: Andererseits möchten viele Menschen Einfluss nehmen, um positive Veränderungen in der Gesellschaft herbeizuführen. Dies kann das Eintreten für Anliegen wie Geschlechtergleichheit, Rassengerechtigkeit, Umweltschutz oder Armutsbekämpfung beinhalten. Wer aus altruistischen Gründen Einfluss sucht, möchte oft eine bessere

Welt sehen und ist bereit, seinen Einfluss zu nutzen, um etwas zu bewirken.

Eine positive Beeinflussung kann sowohl für den Influencer als auch für die Beeinflussten eine Reihe von Vorteilen mit sich bringen.

Zielerreichung: Die Fähigkeit zur Einflussnahme kann Einzelpersonen dabei helfen, ihre persönlichen und beruflichen Ziele zu erreichen. Es kann ein wertvolles Instrument sein, um Ihre Karriere voranzutreiben, den Geschäftserfolg sicherzustellen oder die benötigte Unterstützung für wichtige soziale Anliegen zu erhalten.

Positiver Wandel: Einfluss kann auch genutzt werden, um positive Veränderungen in der Gesellschaft herbeizuführen. Wer die Möglichkeit hat, Einfluss zu nehmen, kann dazu beitragen, eine gerechtere, gleichberechtigtere und nachhaltigere Welt zu schaffen, indem er bei kritischen Themen etwas bewirkt.

Selbstwertgefühl und Anerkennung: Die Fähigkeit, andere zu beeinflussen, führt oft zu einer Steigerung des Selbstwertgefühls und der sozialen Anerkennung. Menschen, denen es gelingt, Einfluss zu nehmen, werden oft für ihre Führungsqualitäten bewundert und respektiert.

Beeinflusst werden: Die Suche nach Identifikation und Verbindung

Andererseits bedeutet Beeinflussung die Bereitschaft, anderen Menschen, Ideen oder Trends zuzuhören, zu lernen und sich von ihnen beeinflussen zu lassen. Dies kann als Demonstration von Demut und Offenheit für Veränderungen angesehen werden. Wer sich beeinflussen lässt, sucht oft nach Identifikation, Zugehörigkeit und Führung.

Motivationen, beeinflusst zu werden

Ebenso vielfältig können die Gründe dafür sein, sich

beeinflussen zu lassen. Manche Menschen schätzen die

Perspektive und Weisheit anderer und versuchen, durch den

Einfluss von Mentoren, Führungskräften oder inspirierenden

Persönlichkeiten zu lernen und zu wachsen. Andere können

durch sozialen Druck oder den Wunsch, sich in eine bestimmte

Gruppe oder Kultur einzufügen, beeinflusst werden.

Lernen und Wachstum: Für viele ist die Beeinflussung eine

wirksame Möglichkeit, zu lernen und zu wachsen. Indem Sie

das Wissen und die Perspektiven anderer Menschen

aufnehmen, können Sie Ihren Horizont erweitern, neue

Fähigkeiten erwerben und sich als Individuum weiterentwickeln.

Identifikation und Zugehörigkeit: Beeinflussung kann auch ein

Gefühl der Identifikation und Zugehörigkeit vermitteln. Viele

suchen Einfluss, um sich einer bestimmten Gruppe, Kultur oder

Gemeinschaft verbunden zu fühlen. Dies kann in einer Welt, in der Identität und Akzeptanz eine wichtige Rolle spielen,

besonders relevant sein.

Die Entscheidung, sich beeinflussen zu lassen, kann auch eine

Reihe von Vorteilen für das Leben eines Einzelnen mit sich

bringen.

Kontinuierliches Lernen: Indem Sie offen für Einflussnahme

sind, können Sie Ihr Leben lang weiter lernen und sich neues

Wissen und Fähigkeiten aneignen, die in verschiedenen

Bereichen angewendet werden können.

Soziale Verbindung: Beeinflussung führt oft zu einer größeren

sozialen Verbindung. Indem Sie sich einflussreichen Ideen oder

Gruppen anschließen, können Sie sinnvolle Beziehungen

aufbauen und ein Zugehörigkeitsgefühl entwickeln.

Flexibilität und Anpassungsfähigkeit: Die Fähigkeit, beeinflusst

zu werden, zeigt auch Flexibilität und Anpassungsfähigkeit,

wertvolle Eigenschaften in einer sich ständig verändernden Welt. Wer bereit ist, sich auf neue Ideen und Perspektiven einzulassen, ist besser darauf vorbereitet, sich Herausforderungen zu stellen und herausragende Leistungen zu erbringen.

In der modernen Gesellschaft ist die Wahl zwischen Beeinflussung oder Beeinflussung nicht immer klar oder statisch. In vielen Fällen wechseln Menschen je nach Kontext und Umständen zwischen diesen beiden Positionen. Darüber hinaus verschwimmt die Grenze zwischen Einfluss und Beeinflussung oft, wenn soziale, kulturelle und digitale Interaktionen ineinandergreifen.

Digitaler Einfluss und soziale Netzwerke

Einer der Hauptgründe für diese Komplexität ist der Aufstieg sozialer Medien und des digitalen Einflusses. Plattformen wie Facebook, Instagram, Twitter und YouTube haben jedem mit

Zugang zum Internet die Möglichkeit gegeben, auf globaler Ebene Einfluss zu nehmen und beeinflusst zu werden. Vor allem digitale Influencer sind zu prominenten Persönlichkeiten geworden und prägen die Meinungen und Verhaltensweisen von Millionen Followern.

Digitaler Einfluss: Wer sich beeinflussen lässt, tut dies oft, indem er digitalen Influencern folgt, deren Leben und Meinungen als Quelle der Inspiration oder Unterhaltung dienen können. Digitale Influencer haben die Fähigkeit, Trends zu schaffen, Produkte zu bewerben und sogar gesellschaftliche Veränderungen herbeizuführen.

Negativ beeinflusst werden: Allerdings kann die digitale Beeinflussung insbesondere bei jüngeren Menschen auch negative Auswirkungen haben. Der Druck, sich unrealistischen Schönheitsstandards anzupassen, die Suche nach Bestätigung in den sozialen Medien und der Kontakt mit Hassreden sind Beispiele dafür, wie schädlich digitaler Einfluss sein kann.

Beeinflussung über soziale Medien: Andererseits nutzen viele Menschen Social-Media-Plattformen, um ihre Meinung zu äußern, Anliegen zu fördern und Online-Communitys aufzubauen. Wer Einfluss nehmen möchte, kann diese Plattformen nutzen, um ein breites Publikum zu erreichen und Unterstützung für seine Anliegen zu mobilisieren.

Identität und Authentizität

Ein weiterer wichtiger Aspekt, der bei der Wahl zwischen Beeinflussung und Beeinflussung berücksichtigt werden muss, ist die Konstruktion von Identität und die Suche nach Authentizität. In einer Welt, in der Individualität geschätzt wird, kann der Druck, authentisch zu sein und sich dennoch an soziale und kulturelle Normen anzupassen, eine Herausforderung darstellen.

Identitätskonstruktion: Viele Menschen lassen sich bei der Suche nach Vorbildern beeinflussen, denen sie bei der

Konstruktion ihrer Identität folgen können. Sie können sich von Persönlichkeiten des öffentlichen Lebens, spirituellen Führern oder anderen Vorbildern inspirieren lassen.

Herausforderung der Authentizität: Andererseits kann der Druck, einflussreich zu sein, eine Herausforderung für die Authentizität darstellen. Manche könnten versucht sein, ihre Identität nach den Erwartungen anderer zu gestalten, anstatt sich selbst treu zu bleiben.

Moralische Verantwortung

Die Wahl zwischen Beeinflussung und Beeinflussung ist auch untrennbar mit moralischer Verantwortung verbunden. Wer Einfluss nehmen möchte, hat die Verantwortung, seinen Einfluss ethisch und verantwortungsvoll zu nutzen und dabei die Auswirkungen seines Handelns auf andere und die Gesellschaft als Ganzes zu berücksichtigen.

Verantwortung der Influencer: Influencer haben die Macht, die Meinungen und Verhaltensweisen ihrer Follower zu beeinflussen, und dieser Einfluss muss verantwortungsvoll genutzt werden. Beispiele für Verhaltensweisen, die schädlich sein können, sind die Verbreitung falscher Informationen, das Schüren von Hass oder das Ausnutzen der Verletzlichkeit von Menschen.

Bewusste Wahl: Wer sich beeinflussen lässt, hat auch die Verantwortung, bewusste Entscheidungen darüber zu treffen, wem und was er folgt. Informationen blind zu glauben oder schädlichen Influencern zu folgen, ohne sie zu hinterfragen, kann negative Folgen haben.

Die Wahl zwischen Beeinflussung oder Beeinflussung ist eine Entscheidung, vor der jeder in seinem Leben steht, und oft ist diese Entscheidung nicht endgültig. Die moderne Gesellschaft weist ein komplexes Netz von Einflüssen auf, von persönlichen Interaktionen bis hin zur sich ständig weiterentwickelnden digitalen Welt. Beide Optionen haben ihre Beweggründe,

Vorteile und Herausforderungen.

Wichtig ist, die Komplexität dieser Dynamik zu erkennen und

Entscheidungen zu treffen, die zum persönlichen Wachstum,

zum sozialen Wohlergehen und zum Aufbau einer gerechteren

und egalitäreren Welt beitragen.

Eine merkwürdige Frage...

Wissen Sie, was die wertvollste Fähigkeit der Welt ist?

Ganz einfach: die Fähigkeit zu verkaufen.

Nicht nur Produkte und Dienstleistungen,sondern Ideen,
Konzepte und Überzeugungen.

Vielleicht wissen Sie es oder nicht, aber die Macht liegt bei
denen, die überzeugen können, und das gilt für jedes
Unternehmen in jedem Land der Welt.

Es ist wichtig, dass Sie die Menschen (Ihren Chef, Kollegen,
Kunden, Investoren usw.) davon überzeugen können, dass sich
Ihre Ideen (und Ihre Arbeit) lohnen.

Ich habe im Laufe der Jahre einige grundlegende
Verkaufsgeheimnisse entdeckt – einige Tricks des Fachs. Und
genau das werde ich jetzt mit Ihnen teilen – die Grundlagen
hinter jedem großartigen Verkaufsstück.

Ich nenne sie DIE DREI GRUNDREGELN DES VERKAUFS

und sie sind…

#1. Den Leuten gefällt die Vorstellung nicht, dass sie verkauft werden.

#2. Menschen kaufen Dinge aus emotionalen Gründen, nicht aus rationalen Gründen.

#3. Sobald sie überzeugt sind, müssen die Menschen ihre emotionalen Entscheidungen mit Logik entschuldigen.

Mal sehen **Regel 1**: Menschen mögen es nicht, wenn man ihnen etwas verkauft. Das ergibt zunächst keinen Sinn. Jedes Jahr werden Waren und Dienstleistungen im Wert von Billionen Dollar gekauft und verkauft, Milliarden davon allein über die Post. Denken Sie an Ihre Freunde. Viele von ihnen lieben zweifellos das Einkaufen.

Menschen kaufen gerne Dinge, aber sie mögen es nicht, wenn man ihnen etwas verkauft. Merk dir das. Egal, ob Sie einen Verkaufsbrief schreiben oder versuchen, Ihren Freund davon zu überzeugen, auf ein Konzert zu gehen, üben Sie keinen Druck auf ihn aus. Biete an, etwas zu geben. Erzwinge es nicht, versuche es.

Nehmen wir an, Sie möchten Ihren Freund dazu bringen, ein Stück Schokoladenkuchen zu kaufen. Du würdest nicht damit beginnen, die 10 Gründe aufzuzählen, warum Kuchen gut für ihn ist, oder? Natürlich nicht.

Wenn Sie im wirklichen Leben wirklich einen Freund dazu bringen möchten, ein Stück Kuchen zu kaufen, würden Sie wahrscheinlich damit beginnen, zu beschreiben, wie gut der Kuchen riecht, wie nass er ist, wie viel Zuckerguss er hat und wie er auf der Zunge zergeht .

Mit anderen Worten: Sie würden ein verbales Bild erzeugen, das Ihre Wünsche auslöst – Ihren Hunger, Ihr Verlangen nach

Schokolade. Sie würden ihn in Versuchung führen, indem Sie

an seine Gefühle appellieren. Du würdest ihn nicht mit Gründen

langweilen oder ihn zwingen.

Wenn Sie diesen ersten Grundsatz verstehen, werden Ihnen

die Leute aus der Hand fressen.

Regel Nr. 2 Treffen Sie dort, wo es wehtut: Menschen kaufen

Dinge aus emotionalen Gründen, nicht aus rationalen Gründen.

Wenn die Leute rational handeln würden, könnte man keinen

Schokoladenkuchen verkaufen. Es gibt keinen logischen

Grund, es zu essen. Es ist nicht nahrhaft. Fett werden. Es tötet

den Stoffwechsel. Und es ist teuer.

Warum ist Schokoladenkuchen eine

Multimillionen-Dollar-Industrie? Weil es einem ein gutes Gefühl

gibt!

Um zu überzeugen, müssen Sie sich auf die Gefühle und

Wünsche Ihres potenziellen Kunden konzentrieren.

Sehen Sie sieben wichtige: Angst, Gier, Eitelkeit, Lust, Stolz, Neid und Faulheit.

Regel Nr. 3: Sobald der Interessent bereits emotional gekauft hat, muss er seine irrationale Entscheidung mit rationalen Gründen begründen.

Jetzt sind Sie bereit zu verstehen, was Copywriting ist.

Werbetexten

Es gibt keine Möglichkeit, im digitalen Zeitalter über

Überzeugungsarbeit zu sprechen, ohne das berühmte

Copywriting (oder Copywriting) zu erwähnen. Dies ist eines der

wesentlichsten Elemente des Marketings.

Es ist die Kunst und Wissenschaft, Worte (ob geschrieben oder

gesprochen) strategisch zu vermitteln, die Menschen zum

Handeln bringt.

Nichts ist überzeugender als jemand, der weiß, wie man Worte

verwendet. Wenn sie richtig eingesetzt werden, sind sie in der

Lage, jemanden dazu zu bringen, eine sofortige Entscheidung

zu treffen. Das ist echtes Copywriting!

Wie Copywriting entstand

Wenn Sie denken, dass Copywriting heute entstanden ist,

liegen Sie falsch. Das erste Mal, dass das Wort „Kopie"

verwendet wurde, war im 19. Jahrhundert, im Jahr 1828.

Noah Webster, ein amerikanisches Wörterbuch, definierte

Kopie als „eine Autorenschöpfung, die sowohl schriftlich als

auch gedruckt nachgeahmt werden muss".

Doch die Definition geriet jahrelang in Vergessenheit und

tauchte erst 1870 wieder auf, als sie begann, Fachleute zu

beschreiben, die Anzeigen verfassten und sich damit von

traditionellen Textern unterschieden.

Während des 19. Jahrhunderts und des gesamten 20.

Jahrhunderts wurde die überzeugende Schreibweise von

Werbetextern hauptsächlich im Werbetext eingesetzt.

Die Weiterentwicklung des Internets und das Wachstum des digitalen Marketings führten dazu, dass Copywriting eine besondere Identität annahm, neu formuliert und fernab von Werbung.

Das Chaos, das sie mit der Werbung

angerichtet haben

Sagen Sie mir etwas: Was ist Werbung für Sie?

Ist es als Arbeit oder als Kunstwerk zu betrachten?

Sind es clevere Slogans oder unterhaltsame Prosa?

Handelt es sich um eine Arbeit, die für eine Auszeichnung oder Anerkennung zu bewerten ist?

Ich sage Ihnen, es ist keine der oben genannten Optionen.

Werbung ist ein Mehrfachverkäufer.

Nur das.

Und schriftliche Werbung oder Texterstellung ist eine Kunst des Verkaufs, sei es auf Papier oder digital.

Der Zweck der Arbeit eines Texters ist der Verkauf. Punkt.

Der Verkauf erfolgt durch Überzeugungsarbeit mit dem geschriebenen Wort, so wie ein Fernsehwerbespot verkauft (*wenn es richtig gemacht wird, natürlich*), der mit visuellen und akustischen Effekten überzeugt.

Genau wie Claude Hopkins in seinem zeitlosen Klassiker Scientific Advertising schrieb:

„Um Werbung richtig zu verstehen oder auch nur ihre Grundlagen zu erlernen, muss man mit der richtigen Wahrnehmung beginnen.

Werbung ist die Kunst des Verkaufens. Seine Prinzipien sind die Prinzipien der Verkaufskunst. Die Erfolge und Misserfolge in beiden Sparten haben ähnliche Ursachen.

Daher muss jede Werbefrage nach den Maßstäben des Verkäufers beantwortet werden.

Lassen Sie uns diesen Punkt hervorheben. Der einzige Zweck der Werbung besteht darin, Verkäufe zu tätigen.

Es soll kein allgemeiner Eindruck vermittelt werden. Es geht nicht darum, Ihren Namen vor die Leute zu bringen. Es ist nicht in erster Linie dazu gedacht, Verkäufern zu helfen. Behandle sie wie einen Verkäufer.

Es rechtfertigt sich.

Vergleichen Sie es mit anderen Verkäufern.

Erfassen Sie Ihre Kosten und Ergebnisse.

Akzeptieren Sie keine Ausreden, denn gute Verkäufer machen sie nicht. Sie werden also nicht weit falsch liegen.

Werbung ist ein Mehrfachverkäufer. Es kann Tausende ansprechen, während ein Verkäufer nur mit einer Person spricht. Dies ist mit entsprechenden Kosten verbunden.

Manche Leute geben durchschnittlich 10 Dollar pro Wort für eine Anzeige aus. Daher müssen alle Anzeigen ein Superseller sein.

Der Fehler eines Verkäufers kann wenig kosten. Der Fehler eines Werbetreibenden kann tausendmal mehr kosten. Seien Sie daher vorsichtiger und anspruchsvoller. Ein mittelmäßiger Verkäufer kann einen kleinen Teil Ihres Unternehmens beeinträchtigen. Mittelmäßige Werbung wirkt sich auf Ihr gesamtes Unternehmen aus.

Diese Punkte sind heute genauso wahr wie damals, als sie vor fast hundert Jahren geschrieben wurden!

Das Ziel lautet also: Wie können wir unsere Werbung so effektiv wie möglich gestalten?

Die Antwort ist testen. Nochmal testen. Und dann noch mehr testen.

Wenn Anzeige „A" eine Rücklaufquote von zwei Prozent und Anzeige „B" drei Prozent erhält, können wir daraus schließen, dass Anzeige „B" weiterhin besser abschneiden wird als Anzeige „A". Aber Tests kosten Zeit und können teuer sein, wenn sie nicht unter Kontrolle gehalten werden. Daher ist es ideal, mit einigen bewährten Anzeigen, getesteten und bekannten Ideen zu beginnen und von dort aus weiterzuarbeiten.

Wenn beispielsweise Tests über Jahrzehnte oder länger gezeigt haben, dass zielgerichtete Werbung die nicht zielgerichtete Werbung deutlich übertrifft, können wir mit dieser Annahme beginnen und von dort aus weiterarbeiten.

Wenn wir aufgrund von Testergebnissen wissen, dass es besser funktioniert, eine Anzeige zu erstellen, die direkt eine Einzelperson anspricht, als sich an die Massen zu wenden, dann macht es wenig Sinn, mit dem Testen in der Annahme zu beginnen, dass dies nicht der Fall ist.

Das ist gesunder Menschenverstand.

Daher ist es logisch, einige grundlegende Regeln oder Techniken für effizientes Schreiben zu kennen. Testergebnisse werden immer der entscheidende Faktor sein, aber es ist am besten, vor dem Test einen Ausgangspunkt zu haben.

Dieser Ausgangspunkt ist also die Essenz dieses Buches. Die hier dargelegten Tipps wurden im Allgemeinen im Laufe der Zeit getestet und haben sich als wirksam erwiesen.

Aber ich kann nicht genug betonen, dass Sie diese Techniken immer testen sollten, bevor Sie eine große, teure Kampagne starten.

Manchmal reicht hier oder da eine kleine Änderung aus, um die Rücklaufquoten drastisch zu steigern.

Und damit geht es weiter........

Konzentriere dich auf sie,

Und nicht auf dich

Wenn ein Interessent Ihre Anzeige, Ihren Beitrag, Ihren Brief usw. liest, wird er sich von Anfang an nur fragen: „Was habe ich davon?"

Und wenn Ihr Text ihm nichts sagt, landet er schneller im Papierkorb, als er den Titel lesen kann.

Viele Werbetreibende machen diesen Fehler. Sie konzentrieren sich auf sie als Unternehmen.

Wie lange sind sie schon offen, wer sind ihre größten Kunden, wer hat schon zehn Jahre Forschung und Millionen von Dollar in der Produktentwicklung, bla, bla.

Tatsächlich sind diese Punkte wichtig.

Sie müssen jedoch auf eine Weise zum Ausdruck gebracht werden, die Ihren potenziellen Kunden interessiert. Denken Sie daran: Sobald die Anzeige gelöscht wird, ist der Verkauf verloren!

Wenn Sie Ihre Texte schreiben, ist es hilfreich, sie als einen Brief an einen alten Freund zu betrachten. Tatsächlich stelle ich mir oft einen Freund vor, der am besten zum Profil meiner Interessenten passt. Was würde ich sagen, um meinen Freund davon zu überzeugen, mein Produkt auszuprobieren?

Wie kann ich die Einwände und Überzeugungen meines Freundes segmentieren, um mir zu helfen?

Wenn Sie einem Freund schreiben, verwenden Sie die Pronomen „ich" und „du". Wenn Sie versuchen, Ihren Freund zu überzeugen, könnten Sie sagen: „Ich weiß, Sie glauben, Sie hätten jedes Gerät ausprobiert, das es gibt. Aber das sollten Sie wissen ..."

Und das geht über das bloße Schreiben in der zweiten Person hinaus. Mit anderen Worten: Behandeln Sie Ihre Interessenten in Ihren Texten als „Sie". Tatsache ist, dass es viele erfolgreiche Anzeigen gibt, die nicht in der zweiten Person geschrieben sind.

Einige sind in der Ich-Perspektive geschrieben, wobei der Autor „Ich" verwendet. In anderen Fällen wird die dritte Person verwendet, beispielsweise „sie", „er" und „sie".

Und selbst wenn Sie in der zweiten Person schreiben, bedeutet das nicht unbedingt, dass es in Ihrem Text um sie geht.

Zum Beispiel:

„Als Immobilienmakler können Sie sich darauf trösten, dass ich über 10.000 Häuser verkauft habe und die Tricks des Handwerks beherrsche."

Auch wenn Sie in der zweiten Person schreiben, konzentrieren

Sie sich immer noch auf sich selbst.

Wie können Sie sich also auf sie konzentrieren?

Ich bin froh, dass du gefragt hast.

Eine Möglichkeit ist...

Stufen des Verbraucherbewusstseins

Bekanntheitsgrad bedeutet hier im Wesentlichen, ob der potenzielle Kunde Ihr Produkt kennt oder ob er weiß, dass es eine Lösung für sein Problem gibt.

Wenn Sie genau wissen, wo es sich befindet, bestimmen Sie die Art des Inhalts, den Sie schreiben.

Wenn Sie dies herausfinden, können Sie die Conversions um das Doppelte oder mehr steigern.

Der legendäre Texter Gene Schwartz gab die folgende Regel:

Wenn der potenzielle Kunde das Produkt bereits kennt und weiß, dass es ihm helfen kann, sollte der Titel mit dem Produkt beginnen.

Wenn Ihr Avatar Ihr Produkt nicht kennt, aber einen Wunsch hat, gehen Sie mit diesem Wunsch voran.

Wenn der Interessent schließlich nicht wirklich weiß, was er braucht, sondern nur ein allgemeines Problem hat, beginnen Sie mit dem Problem und schreiben die Kopie, um dem Interessenten klar zu machen, dass er Ihre Lösung braucht.

Das sind die Grundlagen. Gene hat fünf Ebenen des Kundenbewusstseins festgelegt, die dieses Konzept detaillierter erläutern, und darauf werde ich jetzt eingehen.

Ihre 5 Ebenen des Kundenwissens sind also:

Stufe 1 – ist der aufmerksamste Kunde – diese Person weiß, was sie will, vertraut Ihnen, und wenn Sie etwas Neues anbieten, besteht eine gute Chance, dass sie es kauft. Diese Kunden sind das, was sich jeder Vermarkter wünscht. Denken

Sie zum Beispiel an Marken wie Nike und Apple, die eine Fangemeinde haben.

Der Verbraucher kennt die Marke und möchte das Produkt, es gibt keinen Aufwand beim Verkauf.

Stufe 2 – produktbewusst. Diese Leute vertrauen Ihnen noch nicht – sie wissen, dass Sie etwas verkaufen, was sie wollen, sind sich aber nicht sicher, ob es das Richtige für sie ist. Da sie Ihnen noch nicht vertrauen, lesen sie Rezensionen, schauen sich Erfahrungsberichte an und versuchen herauszufinden, ob Ihr Produkt halten kann, was Sie sagen. Bei solchen Interessenten sollte das Ziel Ihrer Kopie darin bestehen, sie sofort zu beruhigen.

Diese ersten beiden Kategorien sind übrigens am einfachsten zu verkaufen. Je weniger sich Ihr Avatar bewusst wird, desto schwieriger wird es für Sie.

Okay, die nächste Ebene des Kundenbewusstseins ist das Lösungsbewusstsein.

Stufe 3 – Das sind Menschen, die ein Problem haben, sie

wissen, dass es eine Lösung dafür gibt, aber sie kennen Ihr

Produkt und die Ergebnisse, die sie damit erzielen können,

nicht. Bei Interessenten wie diesen möchten Sie, dass sie

wissen, dass Sie ihre Wünsche verstehen und dass Ihr Produkt

ihnen dabei hilft, diese zu erreichen.

Je mehr wir uns dem Bekanntheitsgrad nähern, desto mehr

erreichen wir potenzielle Kunden, die Ihrem Unternehmen

wirklich zum Wachstum verhelfen können.

Die nächste Art des Kundenbewusstseins ist also das

Problembewusstsein.

Stufe 4 – Dies ist jemand, der sich Sorgen macht – er hat das

Gefühl, ein Problem zu haben, weiß aber nicht, dass es eine

Lösung dafür gibt. Bei dieser Art von Kunden möchten Sie,

dass Ihr Lead ihm zeigt, dass Sie seine Frustration und Angst verstehen.

Schließlich gibt es noch den völlig unbewussten Klienten.

Level 5 – Diese Leute sind schwer zu verkaufen. Sie erkennen nicht, dass sie ein Problem haben, sie wissen nichts über Ihre Marke und sie wissen nicht einmal, dass es eine Lösung für das gibt, was sie erleben. Bei dieser Art von Person müssen Sie ein starkes und äußerst unwiderstehliches Angebot unterbreiten. Sie müssen Ihr Angebot so präsentieren, als wäre es eine Zeichnung, in der die Leute alle Details und sogar die Farben, den Geruch, den Geschmack und die Textur Ihres Angebots erkennen können.

Das Verständnis und die Anpassung an unterschiedliche Ebenen des Verbraucherbewusstseins sind der Schlüssel zum Aufbau einer effektiven Marketingstrategie.

Indem Sie Ihre Botschaft, Ihren Ansatz und Ihre Taktik an die Phase anpassen, in der sich der Verbraucher befindet, können Sie die Chancen auf Engagement, Konversion und Loyalität erhöhen.

Durch die Berücksichtigung der fünf Ebenen des Verbraucherbewusstseins sind Sie besser darauf vorbereitet, die Bedürfnisse Ihrer Zielgruppe zu erfüllen, eine sinnvolle Verbindung herzustellen und dauerhafte Beziehungen aufzubauen.

Vertiefen Sie Ihr Wissen über das Verbraucherverhalten, recherchieren und testen Sie Ihre Strategien und seien Sie stets bereit, sich an Veränderungen und Marktanforderungen anzupassen. Damit sind Sie bei Ihren Marketing- und Vertriebsinitiativen auf dem richtigen Weg zum Erfolg.

Bedenken Sie außerdem, dass Verbraucher im Laufe der Zeit zwischen verschiedenen Bewusstseinsebenen wechseln können.

Sie können auf der Ebene der Unbewusstheit beginnen und durch Informationen und Interaktionen zu den folgenden Stufen übergehen.

Daher ist es wichtig, das Verhalten Ihrer Zielgruppe genau im Auge zu behalten, damit Sie Ihre Strategie bei Bedarf anpassen können.

Ein weiterer wichtiger Punkt, den es zu berücksichtigen gilt, ist die Bedeutung einer klaren und konsistenten Kommunikation auf jeder Bewusstseinsstufe.

Ob durch Bildungsinhalte, Storytelling, Testimonials oder Produktdemonstrationen – es ist wichtig, Ihre Botschaft effektiv und relevant zu vermitteln.

Dadurch stärken Sie das Vertrauen der Verbraucher und schaffen eine emotionale Bindung zu Ihrer Marke.

So heben Sie die Vorteile hervor

Und das Was sind die Merkmale?

Sie sind Beschreibungen der Eigenschaften, die ein Produkt besitzt.

- Auto XYZ erreicht in der Stadt 55 Kilometer pro Liter
- Der Rahmen besteht aus leichtem und langlebigem Stahl.
- Unser Kleber ist patentrechtlich geschützt.
- Diese Datenbank verfügt über ein internes Datensuchsystem.

Aber was sind die Vorteile?

Nun, sie sind es, was Ergebnisse für Ihre potenziellen Kunden bedeuten.

- Mit unserem leistungsstarken, energieeffizienten Hybridauto sparen Sie Benzin und reduzieren die Umweltbelastung. Außerdem werden Sie die zusätzliche Leistung spüren, wenn Sie an anderen Autos vorbeifahren, und zwar dank des effizienten Elektromotors, den diese nicht haben!

- Dank des leichten, robusten Stahlrahmens können Sie die Leiter problemlos mitnehmen und an Orten verwenden, an denen andere Leitern nicht hinkommen, und sie trägt gleichzeitig bis zu 800 Pfund. Keine Rückenschmerzen beim Ziehen einer schweren Leiter. Und da sie 150 Jahre hält, müssen Sie nie wieder eine neue Leiter kaufen!

- Patentierter Kleber sorgt dafür, dass Sie ihn auf Holz, Kunststoff, Keramik, Metall, Glas und Fliesen verwenden können ... ohne schwierige Reinigung und ohne erneutes Kleben – garantiert!

• Sie können sofort das in Ihren Daten verborgene „Gesamtbild"
erkennen und jederzeit auf die geheimnisvolleren Statistiken
zugreifen.

Beobachten Sie, wie Ihr Unternehmen schnell eine „180"
macht, damit Sie sofort wissen, was fehlschlägt!

Das geht alles mit unserem Datensuchsystem, das so einfach
zu bedienen ist, dass mein zwölfjähriger Sohn es sofort
erfolgreich verwendet hat, als er damit angefangen hat.

Ich habe diese Beispiele erstellt, aber ich denke, Sie verstehen,
was ich meine.

HINWEIS: Sie schreiben nicht, um Ihren Portugiesischlehrer zu
beeindrucken oder einen Preis zu gewinnen.

Der einzige Preis, den Sie gewinnen möchten, besteht darin,
dass sich Ihr Text verkauft und Ihre beste vorherige Anzeige

übertrifft und Sie gleichzeitig etwas Freiheit bei Grammatik, Zeichensetzung und Satzstruktur haben. Sie möchten, dass es gelesen wird und die Leute darauf reagieren, nicht, dass es gelesen und bewundert wird!

Aber zurück zu den Vorteilen …

Wenn Sie eine teure Uhr verkaufen würden, würden Sie Ihrem Leser nicht sagen, dass das Gehäuse der Uhr einen Durchmesser von 5 Zoll hat und das Armband aus Leder besteht.

Sie sollten ihm zeigen, wie das extragroße Display Ihnen im Handumdrehen die Uhrzeit anzeigt. Ahhh ja!

Er möchte nicht nach der Zeit auf der Uhr suchen und vor allen um ihn herum dumm aussehen, wenn er versucht, diese prächtige Uhr abzulesen.

Und wie wäre es mit der Art und Weise, wie er Erfolg und Charisma ausstrahlt, wenn er die goldene Uhr mit ihrem wunderschönen, individuell gefertigten Lederarmband trägt?

Wie unwiderstehlich wird deine Liebe dich finden, wenn er zum Ausgehen herausgeputzt ist und seine Uhr trägt. Oder wie der Status und die Schönheit der Uhr die Damen anziehen.

Ist Ihnen übrigens aufgefallen, dass ich hervorgehoben habe, dass gutes Sehen ein Vorteil ist?

Scheint das ein alberner Vorteil zu sein?

Nicht, wenn Sie an Babyboomer verkaufen, die unter Sehstörungen leiden.

Sie hassen es wahrscheinlich, wenn jemand, den sie beeindrucken wollen, sieht, wie sie die Augen zusammenkneifen und versuchen, etwas zu lesen.

Es geht um Ihre inneren Wünsche, die Sie entdecken müssen.

Und das wissen vielleicht selbst sie nicht einmal.

Das heißt ... bis Sie ihnen einen besseren Weg zeigen.

Hier geht es darum, die Vorteile des Produkts anzusprechen, nicht seine Eigenschaften. Und wenn Sie das tun, konzentrieren Sie sich auf Ihren Leser und seine Interessen, seine Wünsche.

Der Trick besteht darin, die spezifischen Vorteile hervorzuheben, die die emotionalen Reize Ihres Lesers auslösen.

Wie machst du das?

Ich werde zeigen!

Die große Idee und die Regel des Einen

Immer wenn es um das Verfassen von Texten geht, steht das Konzept der „großen Idee" im Vordergrund. David Ogilvy spricht über ihn und mehrere andere Autoren, darunter Michael Masterson und John Forde, ebenfalls Autoren des Buches Great Leads.

Das Konzept ist recht einfach, aber viele Leute machen schlimme Fehler.

Im Grunde geht es bei der Big Idea oder Rule of One darum, dass sich Ihr Text auf nur eine Aktion, ein Versprechen, eine Idee konzentriert, die objektiv und ohne „Zubehör" sein muss.

Ich werde hier einige Beispiele anführen, damit Sie den Unterschied zur großen Idee vergleichen und verstehen können.

Beispiele ohne die große Idee:

Listen (161 neue Wege, das Herz eines Mannes zu gewinnen...);

Allgemeine Pluralformen (Die Verbrechen, die wir gegen unseren Magen begehen)

Beispiele mit der großen Idee:

Spezifisch (Das Geheimnis, Menschen wie Sie zu machen);

Gezielt (für Männer, die eines Tages aufhören möchten);

Auswirkungen (Ist Ihnen das Leben eines Kindes 1 US-Dollar wert?).

Obwohl es sich um einigermaßen ansprechende Beispiele handelt (aus dem Buch „Great Leads"), ist der Unterschied zwischen der „Big Idea" in diesen Titeln klar, nicht wahr?

Können Sie sagen, was der Schwerpunkt der ersten beiden Beispiele ist? Das ist schwer zu sagen, da sie recht breit gefächert und unfokussiert sind.

Allerdings sind Beispiele, die das Big Idea-Framework verwenden, viel fokussierter.

Daher können wir mit Sicherheit etwas über das von ihnen vorgestellte Thema sagen, auch wenn wir keine Kenntnisse über das Produkt haben, mit dem sie verknüpft sind.

Machen Sie sich also Ihre große Idee ganz klar. Dazu müssen Sie mit folgender Struktur arbeiten:

Eine gute Idee: Zeigen Sie den Nutzen oder die Vorteile des Produkts/der Lösung auf, die Sie verkaufen;

Eine Kernemotion: Stellen Sie eine Verbindung zum Leser her und provozieren Sie Engagement durch emotionale Verstärkung, sodass das Rationale im Text weiter voranschreitet.

Eine fesselnde Geschichte: verstärkt die zentrale Emotion. Oft handelt es sich um einen Fall, eine Episode oder bringt Daten und Zahlen mit, die Ihr Angebot (Produkt/Dienstleistung) belegen;

Ein einzigartiger und wünschenswerter Vorteil: Konsolidiert den Vorteil (Nutzen), den Ihr Produkt oder Ihre Dienstleistung dem Leser bietet;

Eine unvermeidliche Antwort: Weisen Sie Ihren Leser auf den Weg hin, der beschritten werden muss, um den Nutzen zu erzielen, von dem Sie sprechen.

Dies alles geschieht, damit wir den Titel durch eine Einleitung (in diesem Zusammenhang als Lead bezeichnet) unterstützen können, die je nach Kenntnisstand des Lesers die richtige Technik verwenden muss.

Diese Technik kann eine Geschichte, eine Vorhersage, eine Erklärung, ein Versprechen usw. sein.

Unabhängig davon, welches Sie verwenden, ist es wichtig, dass Ihre einzelne große Idee von einer ebenso einzigartigen Emotion unterstützt wird, um den Leser auf die gewünschte Aktion hinzuweisen.

Emotionale Knöpfe drücken

Hier zahlt sich Forschung wirklich aus. Denn um die Tasten drücken zu können, muss man zunächst wissen, um welche es sich handelt.

Schauen Sie sich diese Geschichte an und Sie werden verstehen, was ich Ihnen sagen möchte: Es war einmal ein junger Mann, der in ein bestimmtes Chevrolet-Händlergeschäft ging, um sich einen Chevy Camaro anzusehen.

Er hatte Geld und war bereit, eine Kaufentscheidung zu treffen. Doch auf dem Weg zum Ford-Händler konnte er sich nicht entscheiden, ob er den Camaro oder den Ford Mustang kaufen wollte.

Ein Verkäufer kam auf ihn zu und entdeckte schnell das Dilemma des Mannes.

„Sagen Sie mir, was Ihnen am Camaro am besten gefällt",
sagte der Verkäufer.

„Es ist ein schnelles Auto. Ich mag seine Geschwindigkeit."

Nach einiger Diskussion erfuhr der Verkäufer, dass der Mann
angefangen hatte, mit einer College-Cheerleaderin
auszugehen.

Was hat der Verkäufer also getan?

Einfach. Er änderte seine Rede und drückte damit emotionale
Knöpfe, weil er wusste, dass es den Verkauf fördern würde.

Er sagte dem Mann, dass seine neue Freundin beeindruckt
sein würde, wenn er mit diesem Auto nach Hause käme!

Er vermittelte dem Mann die Vorstellung, dass er und seine
Freundin im Camaro zum Strand fuhren.

Und wie eifersüchtig alle seine Freunde wären, wenn sie ihn mit einem hübschen Mädchen in einem schönen Auto herumfahren sehen würden.

Und plötzlich hatte der Mann die Vision. Er hat es. Und der Verkäufer hat das gesehen und an diesem Punkt gearbeitet. Und bevor Sie es wissen, stellt der Mann dem Chevrolet-Händler einen schönen Scheck aus!

Der Verkäufer fand die emotionalen Knöpfe und drückte sie wie nie zuvor, bis dem Mann klar wurde, dass er den Camaro mehr wollte als sein Geld.

Ich weiß, was Sie denken ... der Mann sagte, er mochte das Auto, weil es schnell war, nicht wahr?
Ja, das war es. Aber unbewusst wollte er wirklich ein Auto, das seine Freundin und seine Freunde beeindruckt und in seinen

Gedanken dazu führt, dass sie ihn noch mehr mögen! In seinen
Augen setzt er Geschwindigkeit mit Aufregung gleich.

Nicht, weil er unendlich viele Strafzettel wollte, sondern weil er
glaubte, der Nervenkitzel würde ihn attraktiver und
sympathischer machen.

Vielleicht war sich der Mann dieser Tatsache nicht einmal
bewusst. Aber der Verkäufer bemerkte es. Und er wusste,
welche emotionalen Knöpfe er drücken musste, um den
Verkauf zu erzielen.

Warum lohnt sich Forschung nun?

Nun, ein guter Verkäufer weiß, wie man Fragen stellt, die einem
schnell sagen, welche Knöpfe man drücken muss. Wenn Sie
Verkaufstexte schreiben, können Sie sich diesen Luxus nicht
leisten.

Aus diesem Grund ist es sehr wichtig, die Wünsche, Bedürfnisse und Wünsche Ihrer Kunden im Voraus zu kennen.

Wenn Sie Ihre Hausaufgaben nicht gemacht haben, wird Ihr Interessent entscheiden, dass er sein Geld lieber bei Ihnen behalten möchte, als Ihr Produkt zu kaufen.

Denken Sie daran, Copywriting ist Verkaufskunst auf Papier oder digital!

Es wurde schon oft gesagt: Menschen mögen es nicht, verkauft zu werden.

Aber sie kaufen gern.

Und sie kaufen in erster Linie aus Emotionen.

Sie begründen ihre Entscheidung dann mit Logik, auch wenn sie bereits emotional verkauft sind. Vergessen Sie also nicht,

Ihre emotionale Rede mit Logik zu untermauern, um am Ende die Rechtfertigung zu untermauern.

Und wenn wir schon beim Thema sind, lassen Sie uns ein wenig über Übertreibungen auf Verkaufsseiten sprechen. Viele „konservative" Vermarkter haben entschieden, dass sie Übertreibungen nicht mögen, weil sie Übertreibungen für „altmodisch" halten, sie haben es getan und sie denken, dass die Kunden nicht darauf hereinfallen werden, es sei nicht mehr glaubwürdig.

Sie müssen verstehen, dass es nicht die Übertreibungen selbst sind, die sich nicht gut verkaufen.

Einige weniger erfahrene Texter versuchen oft, ihren Mangel an Recherche oder ihr mangelndes Verständnis ihrer Zielgruppe oder ihres eigenen Produkts durch das Hinzufügen von Unmengen von Adjektiven, Adverbien und Ausrufezeichen sowie viel Fettdruck auszugleichen.

Wirklich! Wenn Sie Ihren Job machen, ist dies nicht notwendig.

Das soll nicht heißen, dass einige Adverbien oder Adjektive nicht ihre Berechtigung hätten ... nur, wenn sie sparsam verwendet werden und nur dann, wenn sie sich verkaufsfördernd auswirken.

Ich denke, Sie stimmen mir zu, dass die Untermauerung Ihrer Texte mit Beweisen und Glaubwürdigkeit viel mehr dazu beiträgt, Ihre potenziellen Kunden zu überzeugen, als nur „Power-Wörter" zu verwenden.

Ich sage Power-Wörter, weil es bestimmte Adjektive und Adverbien gibt, die nachweislich einen Unterschied machen, wenn sie verwendet werden.

Das ist an sich keine Übertreibung. Aber viele Male wiederholt, verlieren sie an Wirksamkeit.

Das bringt uns zu unserem nächsten Tipp ...

Es wird immer Einwände geben

Einwände sind psychologische Barrieren, die in den Köpfen der Verbraucher entstehen und Widerstand gegen die präsentierten Angebote erzeugen.

Um die Konversionsrate zu steigern und den Erfolg von Marketingkampagnen zu steigern, ist es wichtig, Einwände zu verstehen und sie überwinden zu können.

Die Natur der Einwände

Es ist wichtig zu erkennen, dass Einwände eine natürliche Abwehrreaktion der Verbraucher sind. In einem zunehmend gesättigten Markt mit einem großen Informationsvolumen sind Verbraucher bei ihren Kaufentscheidungen immer vorsichtiger.

Der Kauf eines Produkts oder einer Dienstleistung wird als Investition betrachtet, und es ist ganz natürlich, dass Menschen Zweifel und Bedenken haben, bevor sie sich dazu verpflichten.

Einwände identifizieren

Um Einwände zu überwinden, ist es wichtig, sie klar und präzise zu identifizieren.

Durch die Analyse der Interaktionen mit Ihrer Zielgruppe, sei es durch Umfragen, Feedback oder Datenanalysen, ist es möglich, die wichtigsten Bedenken und Widerstände zu identifizieren, die Verbraucher in Bezug auf Ihre Angebote haben. Dadurch können Sie den Grund für diese Einwände verstehen und wirksame Wege finden, sie zu überwinden.

Auf Einwände eingehen

Beim Umgang mit Einwänden ist es entscheidend, Vertrauen zu vermitteln und relevante Informationen bereitzustellen, die die Bedenken der Öffentlichkeit zerstreuen.

Bei der Beseitigung von Einwänden geht es darum, solide, überzeugende Argumente vorzulegen, die den Wert und die Vorteile Ihres Angebots belegen und gleichzeitig die berechtigten Bedenken der Verbraucher respektieren.

Eine wirksame Strategie zur Überwindung von Einwänden besteht darin, sie vorherzusehen. Bei der Entwicklung Ihrer Marketinginhalte, sei es in Anzeigen, E-Mails oder Verkaufsseiten, können Sie die häufigsten Einwände vorhersehen und proaktiv darauf eingehen. Dabei geht es darum, Informationen bereitzustellen, die Bedenken entgegenwirken, bevor sie überhaupt in den Köpfen der Verbraucher entstehen.

Bei der Beantwortung von Einwänden ist es wichtig, einfühlsam und individuell vorzugehen.

Zeigen Sie, dass Sie die Bedenken Ihrer Zielgruppe verstehen und stellen Sie klare, relevante Informationen bereit, die diese zerstreuen.

Nutzen Sie reale Beispiele, Erfahrungsberichte zufriedener Kunden und Fallstudien, um zu zeigen, wie Ihr Angebot Einwände überwindet und Verbraucherbedürfnisse erfüllt.

Eine weitere wirksame Strategie besteht darin, Garantien und Zusatzleistungen anzubieten, die das vom Verbraucher wahrgenommene Risiko verringern.

Das Anbieten einer Zufriedenheitsgarantie, einer kostenlosen Testphase oder eines exklusiven Bonus kann dazu beitragen, Verbraucher zu beruhigen und sie zu ermutigen, ihre Einwände zu überwinden und die gewünschten Maßnahmen zu ergreifen.

Darüber hinaus kann die Schaffung eines Gefühls der Dringlichkeit auch wirksam sein, um Einwände auszuräumen.

Indem Sie zeitlich begrenzte Werbeaktionen anbieten oder die begrenzte Verfügbarkeit des Produkts oder der Dienstleistung hervorheben, erzeugen Sie ein Gefühl der Dringlichkeit, das Verbraucher zum Handeln motiviert. Dieses Gefühl der Knappheit kann ein entscheidender Faktor bei der Überwindung von Einwänden sein, da Verbraucher befürchten, die Chance zu verlieren, wenn sie nicht sofort handeln.

Bei der Bearbeitung von Einwänden ist es wichtig, die Wettbewerbsvorteile Ihres Produkts oder Ihrer Dienstleistung hervorzuheben. Zeigen Sie, wie Sie sich von der Konkurrenz abheben und einzigartige Lösungen für die Probleme und Bedürfnisse Ihrer Zielgruppe anbieten. Indem Sie die Stärken Ihres Angebots hervorheben, liefern Sie den Verbrauchern klare Gründe, ihre Einwände zu überwinden und sich für Ihre Marke zu entscheiden.

Transparenz ist bei der Überwindung von Einwänden unerlässlich. Seien Sie ehrlich über die Einschränkungen oder

Herausforderungen Ihres Angebots, heben Sie aber auch die Vorteile und Lösungen hervor, die es bietet. Ehrlichkeit schafft Vertrauen und Glaubwürdigkeit, Schlüsselelemente zur Überwindung von Verbrauchereinwänden.

Es ist wichtig zu betonen, dass es beim Brechen von Einwänden nicht um Manipulation oder aggressive Überredung geht. Ziel ist es, relevante Informationen bereitzustellen, berechtigte Fragen zu beantworten und Verbrauchern dabei zu helfen, fundierte Entscheidungen zu treffen. Der Fokus sollte auf dem Aufbau langfristiger Beziehungen und der Schaffung von Mehrwert für die Kunden liegen und nicht nur auf dem Streben nach einem schnellen Verkauf.

Indem Sie die häufigsten Einwände identifizieren, sie antizipieren und einfühlsam und überzeugend ansprechen, sind Sie auf dem besten Weg, das Vertrauen Ihrer Zielgruppe zu gewinnen und sie zum Handeln zu motivieren.

Seien Sie schließlich immer bereit, auf das Feedback der

Verbraucher zu hören und Ihre Strategien an deren Bedürfnisse

und Anliegen anzupassen. Durch die ständige Perfektionierung

Ihrer Techniken zur Beseitigung von Einwänden können Sie

sich vom Markt abheben, das Vertrauen der Verbraucher

gewinnen und positive, dauerhafte Ergebnisse erzielen.

Einbeziehung von Beweisen und Glaubwürdigkeit

Wenn Ihr potenzieller Kunde Ihre Anzeige liest, möchten Sie sicherstellen, dass er jede Aussage, die Sie über Ihr Produkt oder Ihre Dienstleistung machen, glaubt. Denn wenn er irgendwelche Zweifel hat, wird er nicht beißen, egal wie süß der Deal ist.

Tatsächlich ist die „zu schön um wahr zu sein"-Mentalität praktisch eine Garantie für einen verlorenen Verkauf ... selbst wenn alles wahr ist.

Was können Sie also tun, um die wahrgenommene Glaubwürdigkeit zu erhöhen?

Denn schließlich ist es die Wahrnehmung, die Sie auflösen müssen.

Aber natürlich müssen Sie auch darauf achten, dass Ihr Text korrekt und wahrheitsgetreu ist.

Hier sind einige bewährte Methoden, die helfen werden:

• Wenn Sie es mit Ihren bestehenden Kunden zu tun haben, die bereits wissen, dass Sie halten, was Sie versprechen, unterstreicht dies dieses Vertrauen. Lass sie es nicht herausfinden. Bringen Sie sie dazu, innezuhalten, mit dem Kopf zu nicken und zu sagen: „Ja. Die ABC Company hat mir noch nie wehgetan. Ich kann ihnen vertrauen."

• Fügen Sie Erfahrungsberichte zufriedener Kunden hinzu. Vergessen Sie nicht, nach Möglichkeit vollständige und lokale Namen anzugeben.

Denken Sie daran, „José" ist viel weniger überzeugend als „Armando Soares, Rio De Janeiro, Brasilien". Sie können auch ein Foto des Kunden und/oder eine Berufsbezeichnung hinzufügen, was noch besser ist.

Es spielt keine Rolle, ob Ihre Erfahrungsberichte nicht von einer berühmten Person stammen oder Ihr Interessent diese Personen nicht persönlich kennt.

Wenn Sie ausreichend überzeugende Erfahrungsberichte haben und diese glaubwürdig sind, machen Sie einen viel besseren Job, als wenn Sie sie nicht einbeziehen.

• Füllen Sie Ihre Texte mit Fakten und Forschungsergebnissen, um Ihre Behauptungen zu untermauern. Stellen Sie sicher, dass Sie alle Informationen selbst beziehen, auch wenn es sich um allgemein bekannte Tatsachen handelt, da eine neutrale Quelle nicht viel Glaubwürdigkeit verleiht.

• Bei direkten Angebotsschreiben oder bestimmten Anzeigen, bei denen der Text die Form eines Briefes einer bestimmten Person hat, ist es hilfreich, ein Foto dieser Person beizufügen.

Aber im Gegensatz zu „herkömmlichen" Briefen der Immobilienbranche und anderen ähnlichen Anzeigen würde ich das Foto am Ende des Briefes, in der Nähe Ihrer Unterschrift oder in der Mitte der Kopie platzieren und nicht oben, weil es von Ihrem Titel ablenken würde .

Und ... wenn Ihr Verkaufsbrief von einer bestimmten Person stammt, geben Sie unbedingt deren Referenzen an, die sie als Experten auf ihrem Gebiet belegen (natürlich in Bezug auf Ihr Produkt oder Ihre Dienstleistung).

• Geben Sie gegebenenfalls alle Auszeichnungen oder Bewertungen Dritter an, die das Produkt oder die Dienstleistung des Drittanbieters erhalten hat.

• Wenn Sie viele Produkte verkauft haben, sagen Sie es ihnen. Es ist das alte Sprichwort „10 Millionen Menschen können sich nicht irren" (diese 10 Millionen mögen sich irren, aber Ihr

Interessent wird in dieser Frage wahrscheinlich auf Ihrer Seite stehen).

• Fügen Sie eine Rückgaberichtlinie hinzu und machen Sie diese deutlich! Es ist einfach gute Geschäftspolitik. Oft führt das Anbieten einer doppelten Geld-zurück-Garantie für bestimmte Produkte zu höheren Gewinnen.

Ja, Sie erhalten mehr Rückerstattungen, aber wenn Sie dreimal so viele Produkte verkaufen wie zuvor und nur doppelt so viel zurückerstatten müssen wie zuvor, könnte sich das je nach Angebot und Kapitalrendite lohnen.

Analysieren Sie die Zahlen und finden Sie heraus, was Sinn ergibt. Ganz wichtig: Testen! Lassen Sie sie denken: „Wow, sie wären nicht so großzügig mit Rücksendungen, wenn es nicht wirklich das wäre, was sie von ihrem Produkt versprechen!"

• Wenn Sie eine prominente Empfehlung hinzufügen können, trägt dies zur Schaffung von Glaubwürdigkeit bei. Wow, wenn Pelé Ihr Produkt empfiehlt und hält, was Sie versprechen, dann muss es wahr sein! .

• Wenn es sinnvoll ist, nutzen Sie Erfahrungsberichte von Dritten. Was sind Erfahrungsberichte Dritter? Hier sind einige Beispiele von einigen Websites, die ich geschrieben habe, als ich noch nicht viele Kundenstimmen hatte.

„Spyware hat in den letzten sechs Monaten zweifellos einen exponentiellen Anstieg erlebt."

– Alfred Huger, technischer Leiter, Symantec Security Response (Hersteller der Norton-Sicherheitssoftware)

„Klicken Sie einfach auf ein Banner und Sie können Spyware installieren."

- Dave Methvin, Chief Technology Officer, PC Pitstop

Eine Einsatzmethode besteht darin, „Benutzer dazu zu verleiten, dem Herunterladen von Software zuzustimmen, die sie für absolut notwendig halten".

– Paul Bryan, Leiter der Sicherheits- und Technologieabteilung, Microsoft.

Hast du gesehen, was ich getan habe?

Ich habe Zitate von Experten auf ihrem jeweiligen Gebiet verwendet und sie für meine Zwecke umgewandelt.

Holen Sie jedoch unbedingt Ihre Zustimmung oder Erlaubnis vom Urheberrechtsinhaber ein. Wenn Sie urheberrechtlich geschütztes Material verwenden müssen, fragen Sie nach der Quelle.

Beachten Sie, dass ich auch einen emotionalen Knopf gedrückt habe: Angst.

Es ist erwiesen, dass Menschen im Allgemeinen mehr tun, um Schmerzen zu vermeiden, als um Freude zu empfinden.

Warum also nicht diesen Leckerbissen an Informationen zu Ihrem Vorteil nutzen?

- Entdecken Sie einen Fehler in Ihrem Produkt. Dies hilft, das „Zu schön um wahr zu sein"-Syndrom zu lindern.

Einen Fehler aufdecken, der eigentlich kein Fehler ist. Oder offenbaren Sie einen geringfügigen Fehler, nur um zu zeigen, dass Sie offen über die Mängel Ihres Produkts sprechen.

Beispiel:

„Sie denken jetzt wahrscheinlich, dass dieser Tennisschläger ein Wunder ist – und das ist er auch. Aber ich muss Ihnen sagen, dass er einen kleinen Defekt hat."

Es dauert ungefähr zwei Wochen, bis ich mich an meinen Schläger gewöhnt habe.

Tatsächlich wird Ihr Spiel schlechter, sobald Sie damit beginnen. Aber wenn Sie es weiterhin verwenden, werden Sie eine enorme Verbesserung Ihrer Aufschläge, Ihres Nettospiels usw. feststellen.

Bei all der Werbung, mit der wir heutzutage bombardiert werden, besteht die Tendenz zu glauben, dass jeder Werbetreibende immer nur das Beste zeigt. Und ich denke, diese Argumentation ist ergebnisoffen.

Aber ist es nicht erfrischend, wenn jemand aus der Masse heraussticht und ehrlich ist? Mit anderen Worten: Der Leser beginnt unbewusst zu glauben, dass Sie alle Mängel aufdecken.

• Verwenden Sie „kostenlose Notizen". Diese kurzen Notizen stammen von einer Autoritätsperson. Nicht unbedingt von einer Berühmtheit, obwohl es auch Glaubwürdigkeit verleihen kann.

Eine Autoritätsperson ist jemand, der in seinem Fachgebiet (das mit Ihrem Produkt zusammenhängt) anerkannt ist und über die nötige Redefähigkeit verfügt. Ergänzende Notizen können als Beilagen, auf einer separaten Seite oder sogar als Teil des Textes verteilt werden. Wie immer: Testen!

• Wenn Sie das Angebot mit einer Frist begrenzen, die an einem bestimmten Datum endet, stellen Sie sicher, dass die Frist gültig ist und sich nicht ändert. Täglich wechselnde Fristen mindern die Glaubwürdigkeit.

Der Interessent wird misstrauisch sein: „Wenn sich die Frist ständig ändert, sagt er nicht die Wahrheit ... Ich frage mich, worüber er sonst noch nicht die Wahrheit sagt."

• Vermeiden Sie „Übertreibungen". Unbegründet, was ich in meinem vorherigen Tipp besprochen habe. Genug gesagt.

Das einzigartige Wertversprechen

Der PUV ist oft eines der am meisten missverstandenen Elemente eines guten Werbebriefs.

Es ist das, was Ihr Produkt oder Ihre Dienstleistung von Ihren Mitbewerbern unterscheidet. Werfen wir einen kurzen Blick auf einige Alleinstellungsmerkmale eines Produkts.

1) Niedrigster Preis – Wenn Ihr Unternehmen im Bereich der günstigen Preise liegt, stellen Sie es zur Schau. Wal-Mart hat dieses PUV in letzter Zeit berühmt gemacht, aber es ist nichts Neues für sie.

Billiger verkaufen wird schon seit dem Kapitalismus genutzt. Ich mag keine Preiskämpfe, weil jemand vorbeikommen und es billiger verkaufen kann.

Es ist also Zeit für eine neue Strategie.

2) Überlegene Qualität – Wenn es das Produkt Ihres Mitbewerbers übertrifft oder aus hochwertigen Materialien hergestellt ist, ist es eine gute Wette, dass Sie diese Tatsache zu Ihrem Vorteil nutzen werden.

Vergleichen Sie beispielsweise Ihr Produkt mit Ihren Mitbewerbern. Von der hochwertigen Verpackung bis hin zu den gesunden Zutaten ist die Qualität offensichtlich. Es kostet vielleicht etwas mehr als Ihr Konkurrent, aber für Ihren Markt verkauft es sich.

3) Service – Wenn Sie im Vergleich zu Ihrem Konkurrenten einen besseren Service bieten, werden die Leute bei Ihnen kaufen. Dies gilt insbesondere für bestimmte Märkte, die stark dienstleistungsorientiert sind: Ferngespräche, Internetanbieter, Kabelfernsehen usw.

4) Exklusive Rechte – Mein Favorit! Wenn Sie berechtigterweise behaupten können, dass Ihr Produkt durch ein Patent oder Urheberrecht, eine Lizenzvereinbarung usw. geschützt ist, haben Sie als Gewinner das ausschließliche Recht. Wenn Sie ein Patent haben, muss es Ihnen sogar der Präsident abkaufen.

Okay, unterscheidet sich Ihr Produkt oder Ihre Dienstleistung nicht von Ihrem Mitbewerber? Ich bin anderer Meinung, denn es gibt immer Unterschiede. Der Trick besteht darin, sie in einen positiven Vorteil für Sie umzuwandeln. Was können wir also gegen dieses Szenario tun?

Eine Möglichkeit besteht darin, etwas zu präsentieren, das Ihr Unternehmen intern entwickelt hat, was kein anderes Unternehmen tut.

Schauen Sie, es gibt einen Grund, warum der Computer im Geschäft „A" anbietet, den Preis seiner Konkurrenten für das gleiche Produkt von X zu übertreffen.

Wenn man genau hinschaut, sind die beiden Pakete nie genau gleich. Unternehmen „B" bietet einen kostenlosen Scanner an, während Unternehmen „A" einen Drucker anbietet. Oder ein anderer Unterschied. Sie vergleichen Äpfel mit Birnen. Wenn Sie also kein Unternehmen finden, das genau das gleiche Paket anbietet (das werden Sie nicht tun ... sie haben das untersucht), können Sie die Aktion nicht gewinnen.

Was aber, wenn Sie tatsächlich dasselbe Gerät verkaufen möchten wie der Typ auf der anderen Straßenseite?

Wenn Ihr Interessent nicht die inneren Abläufe sowohl Ihres Produkts als auch des Produkts Ihrer Konkurrenz kennt, einschließlich des Herstellungsprozesses, des Kundendienstes und allem dazwischen, dann haben Sie möglicherweise die

Erlaubnis zu ein wenig Kreativität. Aber Sie müssen ehrlich sein.

Wenn ich meinen Lesern zum Beispiel erzähle, dass mein Produkt dampfgebadet ist, um Reinheit und Sauberkeit zu gewährleisten (wie Dosen und Flaschen in den meisten Bierbrauprozessen), spielt es keine Rolle, dass Johns Bier auf der anderen Straßenseite dasselbe tut.

Die Tatsache, dass John diese Tatsache nicht ankündigt, macht ihn zu seinemeinzigartiges Produkt in den Augen Ihres Interessenten.

Möchten Sie weitere Beispiele für PUV?

• Wir sind die einzige Autowerkstatt, die Ihr Auto kauft, wenn Sie mit unserer Arbeit nicht hundertprozentig zufrieden sind.

• In 30 Minuten geliefert oder wir übernehmen es!

• Kein Möbelunternehmen wird Ihren Transport bezahlen.

• Unser Rezept ist so geheim, dass es nur drei Menschen auf der Welt kennen!

Wie bei den meisten Möglichkeiten, die Reaktion zu steigern, ist die Forschung bei Ihrem UPV von entscheidender Bedeutung. Manchmal ist Ihr PUV offensichtlich, zum Beispiel wenn Sie ein Patent haben. In anderen Fällen müssen Sie ein wenig recherchieren, um es zu entdecken (oder es an Ihren Zielmarkt anzupassen).

Hier zahlt sich ein wenig Beharrlichkeit wirklich aus.

Lassen Sie mich ein Beispiel geben, um zu veranschaulichen, was ich meine:

Angenommen, Ihr Unternehmen verkauft Sitzsäcke für Kinder. Als kluger Vermarkter entscheiden Sie sich also dafür, die Puffs an potenzielle Kunden zu verkaufen, bevor Sie Ihren Verkaufstext schreiben.

Nachdem Sie etwa zwanzig verschiedene Verkaufspräsentationen für Ihr Produkt gehalten haben, stellen Sie fest, dass 75 Prozent der Personen, mit denen Sie gesprochen haben, fragten, ob die Züge irgendwann auslaufen würden.

Da Sitzsäcke für Kinder gedacht sind, ist es nur logisch, dass Eltern sich Sorgen machen, dass ihre Kleinen darauf springen, sich darauf rollen und alles tun, was möglich ist, um die Nähte zu beschädigen und die Luft aus dem Sitzsack zu lassen.

Wenn Sie also Ihren Text schreiben, stellen Sie sicher, dass Sie sich mit dieser Frage befassen: „Sie können sicher sein, dass unsere superstarken Sitzsäcke dreifach vernäht sind, um eine garantierte Auslaufsicherheit zu gewährleisten. Kein anderes Unternehmen wird diese Garantie auf Ihre Puffs geben!"

DER EINZIGARTIGE MECHANISMUS

Dies ist der wichtigste Punkt in Ihrem Marketing und vielleicht auch in Ihrem Leben. Wenn Sie es meistern, müssen Sie sich wahrscheinlich nie wieder um die Konkurrenz sorgen.

Haben Sie schon einmal darüber nachgedacht, wie viele ähnliche Produkte es gibt? Wie viele Menschen mit ähnlichen Fähigkeiten wie Sie gibt es?

Was ist dann das Geheimnis, damit sich einige Menschen und Produkte von der Masse abheben? Die Antwort lautet: der einzelne Mechanismus.

Ja, es ist ein Mechanismus. Es handelt sich nicht um einen Punkt, es handelt sich nicht um einen Satz, sondern vielmehr um einen Handlungsplan, der in der Lage ist, die Lösung auf einfachste, effektivste und andere Weise als alles, was jemals gesehen wurde, auf eine andere Art und Weise zu bringen.

Schauen wir uns zur Veranschaulichung etwas ganz

Alltägliches an: Bratpfannen.

Aber was haben Bratpfannen mit meinem Geschäft zu tun?

ALLE!

Bratpfannen gibt es für R$40,00. Viele Menschen waren jedoch

bereits versucht, die Polishop-Bratpfanne zu kaufen (falls sie

dies noch nicht getan haben) ... die, die mehr als 200,00 R$

kostet und die man im Fernsehen sieht. Wenn Sie es noch

nicht gesehen haben, empfehle ich Ihnen, es anzusehen.

Oh, und nein, es fällt nicht auf, weil „es im Fernsehen läuft".

Schließlich ignorieren Sie Hunderte anderer Werbespots ...

Dies ist nur ein klares Beispiel. Aber alle großen Unternehmen,

die ich bisher gesehen habe, verfügen über einen einzigartigen

Mechanismus für ihre Produkte und Dienstleistungen, auch

wenn man ihn nicht so klar sieht wie Polishop. Alle Menschen, die in Unternehmen die besten Jobs bekommen, verkaufen sich mit einem einzigartigen Mechanismus.

Wenn Sie also auffallen, den Kampf um Preise vermeiden und die Begierde anderer wecken möchten, beantworten Sie 3 Fragen:

- Warum löst mein Produkt/meine Dienstleistung die Probleme der Menschen?

- Wie führt mein Produkt/meine Dienstleistung Menschen zu dem Erfolg, den sie sehen?

- Was unterscheidet mein Produkt/meine Dienstleistung von allem anderen da draußen?

Glauben Sie mir, es funktioniert von Märkten mit geringer Konkurrenz bis zu den wettbewerbsintensivsten. Tatsächlich ist es völlig ethisch, wenn man nur mit der Wahrheit arbeitet.

Ich selbst habe beispielsweise Dutzende von Mechanismen für den Bereich der Gewichtsabnahme entwickelt, der derzeit ein äußerst wettbewerbsintensiver und auch sehr heikler Sektor ist, da es um Gesundheit geht.

Der Schlüssel zu diesem Mechanismus liegt darin, zu WISSEN, dass Sie EINZIGARTIG sind (das sind wir alle, egal wie sehr manche behaupten, wir seien ersetzbar) und Ihre Stärken hervorzuheben.

ÜBERSCHRIFT

Wenn Sie eine einzige Änderung vornehmen möchten, um Ihre Rücklaufquote zu erhöhen, konzentrieren Sie sich auf Ihren Titel (*Du hast eins, nicht wahr?*).

Warum? Denn es werden fünfmal mehr Menschen den Titel lesen als Ihren Text. Eine Überschrift ist ganz einfach eine Anzeige für Ihre Anzeige.

Die Leute werden ihr geschäftiges Leben nicht aufgeben, um Ihren Text zu lesen, es sei denn, Sie geben ihnen einen guten Grund dafür.

Ein guter Titel verspricht also Neuigkeiten und einen Nutzen.

Vielleicht denken Sie: „Was ist das für eine neue Geschichte?"

Denken Sie an das letzte Mal, als Sie in Ihrer Lokalzeitung „geblättert" haben.

Sie haben die Artikel einen nach dem anderen überflogen und gelegentlich hat vielleicht eine Anzeige Ihre Aufmerksamkeit erregt. Welche Anzeigen erregten am wahrscheinlichsten Ihre Aufmerksamkeit?

Natürlich diejenigen, die wie ein Artikel aussahen.

Diejenigen mit einem Titel, der Neuigkeiten verspricht.

Diejenigen mit Schriftarten, die den in Artikeln verwendeten Schriftarten sehr ähnlich sind.

Diejenigen, die dort platziert wurden, wo die Artikel platziert wurden (anstatt beispielsweise auf einer Seite voller Werbung platziert zu werden).

Und die mit den attraktivsten Titeln, die Sie davon überzeugen, dass es sich lohnt, den Text ein paar Minuten lang zu lesen.

Der Titel ist daher kraftvoll und wichtig.

Ich habe im Laufe der Jahre viele Anzeigen gesehen, die nicht einmal einen Titel hatten. Und das ist Unsinn. Es ist so, als würde man gutes Geld, das man für Werbung ausgegeben hat, wegwerfen.

Warum? Denn Ihre Resonanz kann dramatisch steigen, nicht durch das Hinzufügen einer Überschrift, sondern indem Sie diese Überschrift für Ihre Zielgruppe nahezu unwiderstehlich machen.

Und diese letzten drei Worte sind wichtig. „Ihre Zielgruppe".

Zum Beispiel. Schauen Sie sich den folgenden Titel an:

Ankündigung... Neue Handschuhe mit Spitzentechnologie, die vor gefährlichen Abfällen schützen.

Neuigkeiten und ein Vorteil

Spricht der Titel jeden an?

Nein, und Sie kümmern sich nicht um alle.

Aber Menschen, die mit gefährlichen Abfällen zu tun haben, werden es auf jeden Fall genießen, etwas über dieses kleine Juwel zu erfahren.

Dies ist Ihre Zielgruppe und es ist Ihre Aufgabe, sie dazu zu bringen, Ihre Anzeige zu lesen. Ihr Titel ist der Weg, dies zu tun.

Okay, wo findet man tolle Schlagzeilen?

Sie sehen sich andere erfolgreiche Anzeigen (insbesondere Direct-Response-Anzeigen) an, die sich im Laufe der Zeit bewährt haben. Sie schauen sich die regelmäßig in

Zeitschriften und anderen Publikationen verwendeten Anzeigen

an. Woher weißt du, dass sie gut sind?

Denn wenn sie ihre Aufgabe nicht erfüllten, würde der

Werbetreibende sie nicht immer wieder platzieren.

Sie tragen sich in die Liste der großen

Direct-Response-Unternehmen ein und speichern die E-Mails.

Lesen Sie Promi-Magazine?

Promi-Magazine haben einige der besten Schlagzeilen.

Holen Sie sich eine aktuelle Ausgabe und Sie werden

verstehen, was ich meine. Okay, wie können Sie nun einige

dieser Schlagzeilen für Ihre eigene Dienstleistung oder Ihr

eigenes Produkt anpassen?

Auch das Erscheinungsbild Ihres Titels ist sehr wichtig. Stellen Sie sicher, dass die verwendete Schriftart fett und groß ist und sich von der im Text verwendeten Schriftart unterscheidet. Im Allgemeinen sind längere Titel besser als kürzere, selbst wenn sie eher „konservative" Interessenten ansprechen.

Auf diese Weise nutzen Sie die erfolgreichen Titel anderer, passen diese aber für Ihr eigenes Produkt oder Ihre eigene Dienstleistung an. Kopieren Sie niemals einen Titel (oder eine andere Schrift) Wort für Wort. Copywriting- und Werbeagenturen sind dafür bekannt, dass sie Plagiate strafrechtlich verfolgen. Und das zu Recht.

Wenn Sie mehr sagen,

Je mehr Sie verkaufen werden

Die Debatte um die Verwendung langer Textegegen Kurze Texte scheinen kein Ende zu haben.

Normalerweise ist es ein Neuling in der Welt des Textens, der lange Texte langweilig zu finden scheint. Sie sagen: „Ich würde nie so viele Texte lesen."

Tatsache ist, dass lange Texte unter sonst gleichen Bedingungen immer besser sind als kurze Texte, und wenn ich von langen Texten spreche, meine ich nicht lange und langweilige Texte oder lange und nicht segmentierte Texte.

Wer sagt, er würde niemals den gesamten Text lesen, begeht beim Verfassen von Texten einen großen Fehler: Er folgt seinem Bauchgefühl, anstatt auf Testergebnisse zu vertrauen. Sie denkt, dass er selbst der Kandidat ist. Und das ist sie nicht. Wir sind niemals unsere eigenen Interessenten.

Es gibt viele Studien und Tests zu langen Texten im Vergleich zu kurzen Texten. Und der Gewinner ist immer der Langtext. Aber ich spreche von langem, relevantem Text und nicht von langweiligem, langem, nicht zielgerichtetem Text. Einige wichtige Untersuchungen haben ergeben, dass die Lesegeschwindigkeit nach 300 Wörtern tendenziell stark abnimmt, aber erst nach etwa 3.000 Wörtern wieder abfällt.

Wenn ich einen teuren Satz Golfschläger verkaufe und meinen langen Text an eine Person schicke, die gelegentlich Golf spielt oder schon immer einmal Golf spielen wollte, sende ich mein Verkaufsgespräch an den falschen Interessenten.

Kein wirksames Ziel. Wenn also jemand, der meinen Langtext erhält, nicht länger als 300 Wörter liest, ist er für mein Angebot nicht qualifiziert.

Es spielt keine Rolle, ob Sie bis zu 100 oder 10.000 Wörter lesen. Sie würden den Kauf so oder so nicht tätigen.

Wenn ich jedoch meine SMS an einen begeisterten Golfspieler schicke, der kürzlich andere teure Golfprodukte per Post gekauft hat, ihm ein unwiderstehliches Angebot mache und ihm erzähle, wie sich sein Spiel in 10 Schlägen verbessern wird, wird er wahrscheinlich jedes Wort lesen. Und wenn ich meine Botschaft richtig segmentiert habe, wird er kaufen.

Denken Sie daran: Wenn Ihr Interessent 3.000 Meilen entfernt ist, ist es für ihn nicht einfach, eine Frage zu stellen. Wenn Sie erfolgreich sein wollen, müssen Sie alle Ihre Fragen antizipieren und beantworten und alle Einwände in Ihrem Text überwinden.

Und stellen Sie sicher, dass Sie nicht alles, was Ihnen einfällt, in den Text werfen. Sie müssen nur so viele Informationen angeben, wie Sie für den Verkauf benötigen … und kein Wort mehr.

Wenn es 10 Seiten Text braucht, dann sei es so. Wenn es einen 16-seitigen Megalog braucht, ist das in Ordnung. Aber wenn sich im Test 10 Seiten besser verkaufen als das 16-seitige Megalog, dann verwenden Sie den Gewinner. Bedeutet das, dass jeder Interessent jedes Wort Ihrer Kopie lesen muss, bevor er Ihr Produkt bestellt? Natürlich. Manche lesen jedes Wort und gehen dann zurück und lesen es noch einmal.

Einige werden den Titel lesen und weitermachen, einen Großteil ihres Körpers überspringen und am Ende landen. Einige scannen den gesamten Körper und gehen dann zurück und lesen ihn. Alle diese Interessenten könnten am Ende das Angebot kaufen, aber sie könnten alle unterschiedliche Lesestile haben.

Und das bringt uns zum nächsten Tipp.

Schreiben Sie auf lesbare Weise

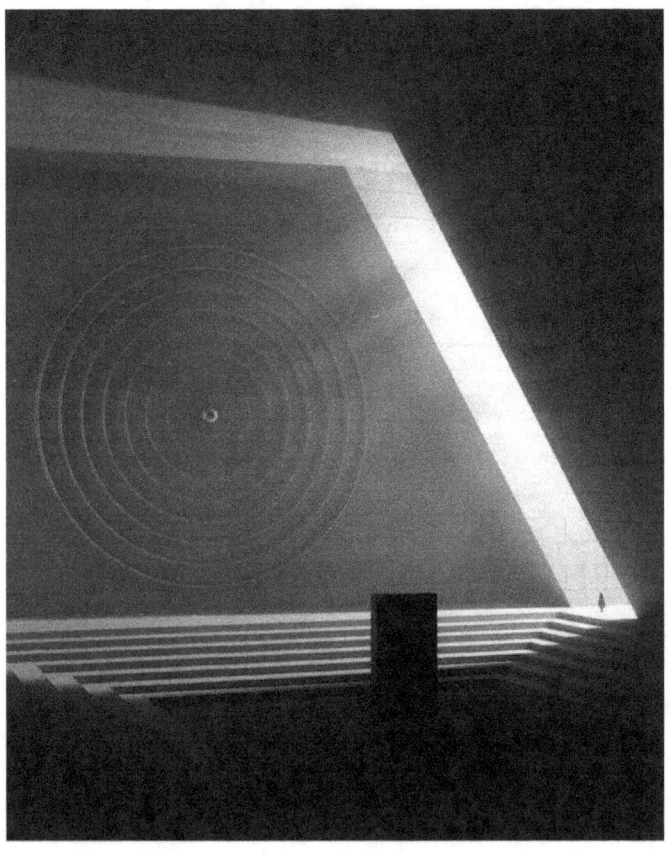

Ich liebe Formate einfachscanbar, siehe das Beispiel unten:

Plötzlich

Wenn ich dir eine Geschichte erzähle

In diesem Format

Keine genauen Informationen

Aber mit einer hohen emotionalen Ladung...

Vielleicht wirst du bewegt sein

Weil die Geschichte so vage ist

Was hätte dir passieren können!

Aber das

Handpässe

Aus einem Text

Gemacht, um Ihre Emotionen zu manipulieren

Viel sagen

Ohne irgendetwas zu sagen.

Ihr Layout ist bei einem Verkaufstext sehr wichtig, denn Sie möchten, dass Ihr Text einladend und erfrischend für die Augen wirkt. Kurz gesagt, Sie möchten, dass Ihr potenzieller Kunde mit dem, was er gerade tut, aufhört und Ihren Text liest.

Wenn er Text mit kleinen Rändern, ohne Einrückungen, ohne Textunterbrechungen, ohne Leerzeichen und ohne Zwischenüberschriften sieht ...

Glauben Sie, dass er versucht sein wird, sie zu lesen, wenn er eine Seite mit dicht gruppierten Wörtern sieht?

Wenn Sie Leerraum mit breiten, großzügigen Rändern, kurze Sätze, kurze Absätze, Zwischenüberschriften und hier und da ein kursiv geschriebenes oder unterstrichenes Wort zur Hervorhebung haben, wird er bestimmt an der Lektüre interessiert sein.

Beim Lesen Ihres Textes beginnen einige Interessenten am Anfang und lesen ihn Wort für Wort. Manche lesen den Titel und vielleicht den Untertitel, lesen dann das „PS" am Ende des Textes und sehen, von wem der Text stammt, und beginnen dann am Anfang.

Manche Leute überfliegen den Text, achten auf die verschiedenen Unterüberschriften, die Sie strategisch im Text platziert haben, und entscheiden dann, ob es sich lohnt, den ganzen Text zu lesen. Manche lesen vielleicht nie den gesamten Text, kaufen aber trotzdem.

Sie müssen ihnen allen schreiben. Langer, interessanter und attraktiver Text für den Leser, der Details mag, und kurze Absätze und Sätze, Leerzeichen und Untertitel für die Springer.

Unterüberschriften sind kleinere Überschriften, die über den gesamten Text verteilt sind.

Wenn Sie gerade einen Titel erstellen, eignen sich einige der Titel, die nicht gut genug sind, als Untertitel. Ein Untertitel zwingt Ihren Interessenten zum Weiterlesen und fesselt ihn vom Anfang bis zum Ende Ihres gesamten Textes.

Das Framework, das Sie vor Schreibblockaden bewahren kann

Erfolgreiche Verkaufsseiten haben eine bekannte Struktur, die mit dem Akronym AIDA beschrieben wird.

AIDA vertritt:

- Aufmerksamkeit
- Interesse
- Wunsch
- Aktion

Zunächst erregen Sie die Aufmerksamkeit Ihres potenziellen Kunden. Dies geschieht mit Ihrem Titel. Wenn die Anzeige die Aufmerksamkeit Ihres potenziellen Kunden nicht fesselt, ist sie völlig erfolglos. Ihr Interessent liest Ihren Startext nicht und bestellt Ihr Produkt oder Ihre Dienstleistung nicht.

Dann bauen Sie ein starkes Interesse an Ihrem Interessenten auf. Sie möchten, dass er weiterliest, denn wenn er weiterliest, könnte er kaufen.

Als nächstes äußern Sie einen Wunsch. Dafür ist es wichtig, eine Zielgruppe zu haben, denn man versucht nicht, bei jemandem ein Verlangen zu wecken, das es nicht hat. Sie möchten aus einem bestehenden Wunsch Kapital schlagen, von dem Ihr potenzieller Kunde vielleicht weiß, dass er ihn bereits hat. Und Sie möchten, dass Ihr Interessent das Erlebnis möchte, das Ihr Produkt oder Ihre Dienstleistung bietet.

Abschließend präsentieren Sie einen Call-to-Action. Sie möchten, dass er zum Telefonhörer greift, den Antwortbrief zurücksendet, sich die Verkaufspräsentation ansieht, Ihr Produkt bestellt oder was auch immer.

Sie müssen um den Verkauf bitten (oder um eine Antwort, wenn das das Ziel ist). An dieser Stelle möchten Sie nicht um den heißen Brei herumreden. Wenn Ihr Brief und Ihre AIDA-Struktur solide und überzeugend sind, präsentieren Sie hier die Bedingungen Ihres Angebots und möchten, dass der Interessent jetzt handelt.

Über das Texten von AIDA-Formeln ist viel geschrieben worden. Und ich möchte dem Akronym noch einen Buchstaben hinzufügen: S für Satisfy

Am Ende, nach dem Verkauf, möchten Sie Ihren Interessenten, der nun Kunde ist, zufriedenstellen.

Sie müssen genau das liefern, was Sie versprochen haben (oder sogar mehr), innerhalb der versprochenen Fristen und auf die Art und Weise, wie Sie es versprochen haben.

Kurz gesagt, Sie möchten ihm allen Grund der Welt geben, Ihnen zu vertrauen, wenn Sie ihm das nächste Mal ein neues Angebot machen.

Und natürlich möchten Sie, dass er das Produkt nicht an Sie zurücksendet (obwohl Sie in diesem Fall Ihre Rückgabebedingungen wie versprochen einhalten müssen).

In jedem Fall möchten Sie, dass Ihre Kunden zufrieden sind.

Sie werden Ihnen auf lange Sicht viel mehr Geld einbringen.

Erfahren Sie, wie Sie die Dringlichkeit

erhöhen können

Wenn Sie das Angebot eines Produkts oder einer Dienstleistung auf irgendeine Weise einschränken (z. B. durch einen begrenzten Verkauf), diktieren grundlegende Ökonomien, dass die Nachfrage steigt.

Mit anderen Worten: Menschen reagieren im Allgemeinen besser auf ein Angebot, wenn sie glauben, dass das Angebot bald nicht mehr verfügbar oder in irgendeiner Weise eingeschränkt ist.

Und natürlich gilt auch das Gegenteil. Wenn ein Interessent weiß, dass das Produkt jederzeit verfügbar sein wird, besteht für ihn kein Handlungsbedarf.

Und wenn Ihre Anzeige von Ihrem Interessenten beiseite gelegt wird, sinken die Chancen, den Verkauf abzuschließen, erheblich.

Ihre Aufgabe besteht also darin, Ihre Kunden zum Kauf zu

bewegen, und zwar jetzt. Knappheit zum Verkaufen zu nutzen,

ist eine gute Möglichkeit, dies zu erreichen.

Grundsätzlich gibt es drei Arten von Einschränkungen:

1 - Begrenzen Sie die Menge

2 – Zeit begrenzen

3 – Angebot beschränken

Bei der ersten Methode, der Mengenbegrenzung, präsentieren

Sie eine feste Anzahl von Produkten, die zum Verkauf

angeboten werden. Wenn sie weg sind, ist es vorbei.

Einige gute Möglichkeiten, den Betrag zu begrenzen, sind:

• Lassen Sie nur eine bestimmte Anzahl an Einheiten herstellen

• Verkauf alter Lagerbestände, um Platz für neue zu schaffen

• Begrenzte Anzahl von Artikeln mit kosmetischen Mängeln

- Es werden nur wenige Produkte verkauft, um eine Marktsättigung zu vermeiden.

- Usw.

Bei der zweiten Methode, der Fristbegrenzung, wird die Frist dem Angebot hinzugefügt. Es sollte eine realistische Frist sein, nicht eine, die sich ständig ändert (insbesondere auf einer Website, auf der die Frist kurz vor Mitternacht zu liegen scheint ... wenn Sie am nächsten Tag zurückkommen, hat sich die Frist auf mysteriöse Weise auf diesen Tag geändert). Sich ändernde Fristen mindern Ihre Glaubwürdigkeit.

Dieser Ansatz funktioniert gut, wenn sich das Angebot oder der Preis ändert oder das Produkt/die Dienstleistung nach dem Enddatum nicht mehr verfügbar ist.

Die dritte Methode, die Einschränkung des Angebots, erfolgt durch die Einschränkung anderer Teile des Angebots, wie z. B. der Garantie, Boni oder Preise, Preise usw.

Bei der Nutzung des limitierten Verkaufs müssen Sie unbedingt die Einschränkungen einhalten. Wenn Sie sagen, dass Sie nur 500 Artikel zu verkaufen haben, dann verkaufen Sie nicht 501. Wenn Sie sagen, dass Ihr Angebot am Ende des Monats abläuft, stellen Sie sicher, dass das auch passiert.

Andernfalls sinkt Ihre Glaubwürdigkeit. Interessenten werden sich daran erinnern, wenn Sie ihnen das nächste Mal ein weiteres Angebot unterbreiten.

Wichtig ist auch, den Grund für die Einschränkung des Angebots zu erläutern. Es reicht nicht aus zu sagen, dass der Preis in drei Wochen steigen wird, sondern zu erklären, warum er steigen wird.

Hier sind einige Beispiele für begrenzte Verkäufe:

„Leider kann ich nur eine begrenzte Anzahl von Kunden betreuen. Sobald meine Zeit ausgeschöpft ist, kann ich keine weiteren Aufträge mehr annehmen.

Wenn Sie also ernsthaft daran interessiert sind, Ihre Anlagestrategien zu stärken und mehr Vermögen als je zuvor zu schaffen, sollten Sie mich so schnell wie möglich kontaktieren. "

„Denken Sie daran: Sie müssen bis zum [Datum] Mitternacht handeln, um meine 2 Boni zu erhalten.

Diese Boni wurden von [Drittunternehmen] angeboten und wir haben keine Kontrolle über ihre Verfügbarkeit nach diesem Zeitraum. "

Wir haben nur 750 dieser Artikel von unserem Lieferanten. Sobald sie aufgebraucht sind, können wir erst im nächsten Jahr mehr bekommen.

Und selbst dann können wir nicht garantieren, dass der Preis gleich bleibt. Tatsächlich ist es aufgrund der wachsenden Nachfrage sehr wahrscheinlich, dass sich der Preis bis dahin verdoppeln oder verdreifachen wird! "

Denken Sie daran, was ich vorhin gesagt habe: Menschen kaufen auf der Grundlage von Emotionen und treffen ihre Kaufentscheidung dann mit Logik. Nun, wenn man begrenzte Verkäufe nutzt, wird die Beschränkung Teil der „Kaufen-und-Jetzt-kaufen"-Logik.

Ob Sie es bemerken oder nicht, Sie wissen jetzt mehr über die Erstellung effektiver Werbung als die meisten Ihrer Konkurrenten. Willst du es beweisen?

Fragen Sie sie nach den Ideen, die wir besprochen haben. Als Antwort erhalten Sie wahrscheinlich falsche Antworten und leere Blicke.

Das liegt daran, dass die meisten Ihrer Konkurrenten zu sehr damit beschäftigt sind, ihre Geschäfte zu führen, als dass sie damit aufhören könnten

Erfahren Sie, wie Sie sie erfolgreicher machen können. Ich gratuliere Ihnen dazu. Tatsächlich sind es die wenig bekannten Tipps, Tricks, Techniken und Prinzipien, die ich geteilt habe

Bei Ihnen sind die gleichen wie bei einem Marketingberater oder eine Werbeagentur nutzen würde, wenn Sie sie für viel Geld engagieren würden. Es gibt keinen Grund, warum Sie sie nicht nutzen und die besten Vorteile erzielen können.

Abschluss

Gute Texte werden gemacht, nicht geboren.

Es basiert auf bewährten Testergebnissen, die darauf abzielen, eines zu tun und es gut zu machen: Verkaufen.

Effektive Werbung ist nicht immer „grammatikalisch korrekt".

Sie verwendet kurze Sätze und Fragmente.

Überzeugen Sie ihn, zu kaufen, und zwar jetzt. Punkt.

Sprechen Sie über Vorteile, nicht über Funktionen. Verkaufen Sie die Emotion in der Anzeige und untermauern Sie die Kaufentscheidung mit Logik.

Zeichnen Sie ein überzeugendes Bild und machen Sie ein unwiderstehliches Angebot, das Ihren Interessenten dazu zwingt, jetzt zu handeln! Und wenn nicht, haben Sie kein Interesse an der Anzeige.

Effektive Überzeugungsarbeit ist wie Ihr Top-Verkäufer, der weiterhin Rekorde für alle seine Verkäufe im Laufe des Jahres bricht, multipliziert mit Tausenden oder Millionen!

Stellen Sie sich vor, dieser Verkäufer, der einzige mit nachgewiesenen Ergebnissen, könnte so oft vervielfacht werden, wie Sie möchten.

Das ist effektives Marketing!

Dies ist die bewährte Art des Marketings, die Sie verwenden müssen.

Ich wünsche Ihnen von nun an tolle Ergebnisse.